L6:§44.

DISCOURS

EN ACTIONS DE GRACES

A L'ÉTERNEL

POUR LA FÊTE DE LA NAISSANCE

DE

SA MAJESTÉ LE ROI DE ROME.

Par DUBROCA,
Auteur des Discours religieux pour toutes
les Fêtes impériales de l'année.

DE L'IMPRIMERIE DE BOISTE.

A PARIS,

Chez l'Auteur, rue Christine, faubourg Saint-Germain, n°. 10.
Et chez FAVRE, Libraire, galerie de bois, au Palais-Royal.

1811.

DISCOURS.

Posuit (Dominus) David puero suo excitare regem ex ipso fortissimum, et in throno honoris sedentem in sempiternum.

Le Seigneur avait réglé dans ses décrets de faire naître de David, son serviteur, un roi très-puissant, et qui devait être éternellement assis sur un trône de gloire.

Tels étaient, Messieurs, les desseins de la providence pour l'accomplissement entier de ses miséricordes en faveur du prince qu'elle avait choisi pour présider aux destinées de cet empire.

Ce n'était point assez pour elle de l'avoir conduit au trône à travers tous les prodiges de sa puissance, et d'avoir affermi sa domination, autant par la force de la victoire, que par l'ascendant de ses institutions bienfaisantes.

Ce n'était point assez qu'elle eût remis entre ses mains le sceptre des nations, afin de les faire toutes concourir à l'exécution de ses décrets éternels pour la restauration des empires.

Sa bonté devait aller plus loin encore : source première de tous les biens ; principe immuable de tous les événemens humains ; elle devait couronner ses miséricordes par le plus grand des bienfaits, par la naissance d'un prince, Roi dès son berceau, héritier de la force et de la puissance de son père, et destiné à perpétuer sa race immortelle sur le premier trône de l'univers.

Posuit (Dominus) David puero suo excitare regem ex ipso fortissimum, et in throno honoris sedentem in sempiternum.

Pour amener un si grand événement, les prodiges de la providence semblent se renouveler avec plus de force, et tous les jugemens de la sagesse humaine sont confondus par le dénouement inattendu qu'ils font éclore. Du sein des plus sanglans combats, sort l'olivier de la paix qui rapproche deux nations, rivales en valeur et en générosité ; des haines anciennes s'effacent et s'éteignent ; la gloire du prince, ouvrage de la puissance du Seigneur, pénètre dans les cœurs les plus ennemis, et les subjugue ; un trône est offert, avec la main du plus grand des héros, à la noble fille des Germains ; et le monde voit, avec un étonnement mêlé d'admiration, l'union de l'immortel fondateur de l'Empire français, avec l'héritière de l'antique Maison des *Rhodolphe de Hapsbourg, des Charles-Quint et des François.*

Jour éternellement mémorable, et qui ne s'effacera jamais de nos souvenirs ! quelles ne furent pas alors nos espérances et nos félicitations ! par combien de vœux nous pressâmes le Ciel de féconder un si heureux hymen ! par combien de prières ferventes nous appelâmes les bénédictions du Seigneur sur les augustes époux que la Providence plaçait avec tant d'éclat sur le même trône ! Mais les décrets de l'Éternel avaient déjà prononcé sur les suites d'une si belle union ; et il nous était donné de voir le jour où les vœux les plus chers à nos cœurs seraient accomplis.

Déjà s'avançait l'époque si désirée, et si vivement attendue des Français. Aux approches de ce grand événement, la religion déploie toutes les richesses de son intercession, et la nation toute entière, est appelée aux pieds de ses autels.... Grand Dieu ! vous entendîtes alors quel fut le premier objet de nos vœux : la conservation de l'auguste mère fut, vous le savez, le sujet de nos supplications les plus ardentes. Nos cœurs avaient ressenti les alarmes de notre Monarque bien-aimé, et nous les portâmes, avec nos prières, aux pieds de votre trône immortel, pour attirer sur son épouse chérie les bienfaits de votre miséricorde infinie.

Mais, ô moment d'allégresse et de triomphe ! bientôt, le bruit de l'airain retentissant nous apprend que l'œuvre du Seigneur est accomplie, et que sa volonté s'est expliquée par la naissance d'un prince..... Français ! souvenez-vous de ce jour que la nature, interprète des bienfaits du Ciel, semblait avoir embelli de tous ses charmes.

Au signal décisif, la plus vive émotion pénètre dans toutes les âmes ; tous les cœurs, palpitans de joie et d'amour, s'élancent au devant du Prince nouveau-né et le saluent par des acclamations unanimes; tous les travaux sont suspendus; des larmes d'attendrissement coulent de tous les yeux; les temples retentissent de chants d'allégresse, des hymnes de la reconnaissance... Ah! que ce jour soit éternellement consigné dans les fastes de l'amour des Français pour leur Prince; jamais il n'en fut où ce sentiment se manifesta avec plus de force et de sensibilité; jamais le Ciel ne reçut, à la fois, plus de vœux, plus de témoignagnes de gratitude, plus d'actions de grâces.

Dieu de bonté! nous venons aujourd'hui renouveler devant vous ces mêmes sentimens d'amour et de reconnoissance. Comment ne pas les épancher dans votre sein, puisque c'est à vous que nous devons le bienfait signalé que nous célébrons? C'est vous qui avez formé cet enfant chéri, objet de tant d'espérances et de tant de vœux; c'est vous qui nous l'avez donné pour accomplir l'ouvrage de vos miséricordes sur cet empire; pour embellir par le plus doux des sentimens, la carrière du plus vertueux des Monarques; pour consolider, pour éterniser l'œuvre de son génie et de sa puissance... Non, nos cœurs ne seront point insensibles à tant de bienfaits : nous les célébrons; nous les annoncerons aux siècles futurs, et nous ne cesserons de vous proclamer le protecteur spécial de cet Empire, et le premier auteur de tous nos biens.

Mon dessein, Messieurs, est de vous présenter les motifs les plus propres à déterminer notre reconnaissance envers l'Éternel, pour le bienfait signalé dont il nous a comblés par la naissance d'un prince appelé au gouvernement de cet empire.

J'en distingue surtout trois, savoir :

Le bonheur qui doit en revenir au Monarque chéri dont nous tenons tant de bienfaits;

Le bonheur qui doit en résulter pour notre Patrie, premier bien de nos cœurs, objet sacré de nos sentimens les plus chers;

Et le repos de l'Europe, qui est attaché à

l'existence politique du noble héritier de Napoléon-le-Grand.

Quel Français pourrait en effet ne pas remercier le Ciel du bonheur que la naissance d'un fils a dû faire naître dans le cœur de notre auguste Souverain?...... Qui n'a pas partagé les émotions dont son âme a dû être pénétrée, en recevant dans ses bras cet enfant qui devait lui adoucir le poids de sa couronne, et le dédommager des pénibles travaux de son règne?.... Non, cet instant n'a point échappé à notre amour pour vous, ô grand Prince! et nous avons béni le Ciel des consolations dont il a comblé votre cœur paternel. Nous avons senti votre bonheur, et le nôtre en est devenu plus vif. Nous vous devons tant de bienfaits ; vous nous avez retirés d'un abîme si profond ; vous vous êtes sacrifié avec tant de générosité au salut de notre Patrie ; vous nous avez élevés à un si haut point de gloire et de grandeur, que le moment où le Ciel vous a payé de tous ces sacrifices et de tous ces travaux, est devenu le plus heureux de notre vie, et le plus cher à nos cœurs reconnaissans.

Enfin, avons nous dit, dans l'effusion de notre amour, le Prince, le restaurateur de notre Patrie, l'appui, le bienfaiteur des Français va donc jouir des douceurs qui sont attachées au titre si touchant de père! Il va voir les nœuds qui l'attachent à une compagne aussi vertueuse que sensible, se resserrer par la naissance d'un fils chéri! Il va donc goûter, au milieu de ses fatigues et de ses soins, les plaisirs purs de la nature, les jouissances du cœur et de l'humanité! Dans l'impuissance où nous sommes de lui exprimer toute l'étendue de notre amour et de notre reconnaissance, nous aurons donc la satisfaction de le savoir heureux, de le voir arrivé au comble de ses vœux, de le voir consolé de toutes les sollicitudes de son règne! On l'a souvent proclamé HEUREUX, parce que la victoire, fidèle à son génie, n'avait jamais abandonné ses drapeaux, parce que la fortune avait constamment souri à toutes ses entreprises : mais c'est maintenant qu'il va l'être pleinement, et que les jouissances les plus douces au cœur de l'homme, vont embellir tous les instans de sa carrière glorieuse !

Français ! élevons ici nos cœurs vers le Ciel, premier dispensateur de tous les biens, et remercions-le du bonheur dont il a comblé notre auguste Empereur. Les enfans sont un héritage qui vient du Seigneur, dit l'Écriture, et la fécondité est une récompense :

Ecce hereditas Domini filii, merces fructus ventris.

que cet héritage, que cette récompense, source du bonheur de notre Prince, soit désormais le sujet de toute notre reconnaissance envers l'Éternel. Prions-le qu'il daigne lui conserver cet enfant précieux dont l'existence est si nécessaire à sa félicité; qu'il soit toujours les délices de son cœur; que son doux sourire y fasse naître constamment la joie et la sérénité ! Qu'il croisse, pour augmenter chaque jour les jouissances de son âme; que de bonne heure, il se montre le digne émule de sa gloire; qu'il réponde aux vœux et aux espérances de sa tendresse paternelle ; que son amour et son respect filial lui adoucissent de plus en plus le fardeau du gouvernement; qu'il vive, enfin, pour être la consolation de ses longues années, l'ornement de son illustre famille, et le fidèle dépositaire de sa puissance.

Mais le bonheur du Prince, objet de notre amour, n'est pas le seul bienfait qui doive nous faire regarder la naissance de son auguste fils, comme une faveur signalée de la Providence: le *bonheur de la Patrie*, qui doit en être une suite nécessaire, appelle encore toute notre reconnaissance envers l'Éternel.

Quel grand et magnifique ouvrage a été entrepris et exécuté par l'immortel régénérateur de notre Patrie ! Quel édifice de gloire, de grandeur et de prospérité a été élevé par ses mains victorieuses, sur la ruine de toutes les institutions sociales, de toutes les vertus conservatrices des états ? Qu'étions-nous, lorsque cet ouvrage a été entrepris, et que sommes-nous maintenant ? Français ! portons nos regards sur tout ce qui nous environne, loin de nous, près de nous, dans les villes, dans les campagnes, sur les mers, dans nos asiles, dans nos Temples, dans les sanctuaires de la Justice, dans les ateliers des arts, dans les écoles publiques, dans l'enceinte immense de cet Empire ; partout nous découvrirons les traces du génie régénérateur de la France ; partout nous apercevrons l'empreinte de ses créations bienfaisantes. Un nouvel État, de nouveaux Peuples, un ordre nouveau d'institutions politiques et civiles se sont formés sur les débris de tout ce qui avait auparavant existé. La Nation toute entière a été retrempée et dirigée vers les plus hautes destinées; et le Peuple Français, du sein d'un abîme où il périssait, s'est élevé tout à coup à un rang où nulle Nation n'était point encore parvenue.

Mais il faut le dire, la stabilité d'une si grande entreprise ne pouvait appartenir qu'à la Providence. Hélas! la vie de l'homme est si courte, et ses moyens sont si bornés, que ses ouvrages, quand ils ne sont pas soutenus, après lui, par une volonté ferme et inébranlable, restent tôt ou tard soumis aux vicissitudes des choses humaines, et aux atteintes des passions et du tems. Un grand homme peut bien, tant que le Ciel prolonge son existence, défendre ses créations des ravages destructeurs de l'inconstance et de la faiblesse de notre nature; mais, après sa mort, toujours trop tôt arrivée, nulle force, nulle volonté étrangère ne peut le suppléer pour le maintien de ses œuvres; et ses créations, attaquées par l'envie ou par l'ambition, croulent quelquefois avec lui dans sa tombe.

Voyez ce grand Conquérant de l'Asie, dont le nom n'avait encore été effacé que par celui devant qui tous les noms se sont éclipsés. Après avoir fondé un Empire immense, et laissé partout des traces de son génie créateur, il meurt, sans laisser après lui de successeur légitime et dépositaire de ses grands desseins; et aussitôt, tout ce qu'il avait entrepris et exécuté s'évanouit et disparaît. Son Empire devient la proie d'une foule de factieux qui changent les théâtres de sa gloire en autant d'arènes sanglantes où les Peuples s'entregorgent et se détruisent; les Nations qu'il avait réunies se divisent, et obéissent à des tyrans qui les dévorent. Quelques jours suffisent pour anéantir à jamais toutes les traces de sa puissance; et de tout ce qui devait lui survivre, il ne reste bientôt plus que ses cendres, objet du mépris et des outrages de ses lieutenans ingrats et ambitieux.

O Providence! vous seule pouviez épargner à l'Empire Français une aussi funeste catastrophe, en donnant à son fondateur un héritier de son nom et de sa puissance! Grâces immortelles vous en soient rendues. Dès-lors, toutes nos alarmes se sont dissipées, et nos regards se sont portés sans effroi sur l'avenir. Dès-lors, plus de factions à redouter, plus de déchiremens, plus d'ébranlemens à craindre. Le point de ralliment est fixé; tous les cœurs ont déjà salué le maître de nos destinées futures, et il nous a été permis d'associer nos neveux à l'immensité de notre gloire, aux destins du siècle présent.

Et quel ne sera pas en effet, ce fils élevé sous les yeux d'un père si magnanime dans ses desseins, si grand dans toutes ses conceptions?

Comment ne puiserait-il pas à son école, les sentimens et les vertus qui conservent les Empires, et qui les sauvent des altérations du tems ou des atteintes des passions? Comment ne croîtrait-il pas pour le bonheur des Français, cet enfant qui sera sans cesse témoin des sacrifices, des efforts et des sollicitudes de son auguste père pour la prospérité de notre Patrie? Comment ne sentirait-il pas enfin la noble émulation des vertus qui forment les grands Princes, en voyant les hommages des Nations portés chaque jour aux pieds du trône de l'auteur sacré de ses jours, et son nom retentir avec éloges d'un bout de la terre à l'autre!

Oui, grand Prince! j'en atteste ici votre grandeur d'âme et votre cœur paternel! Vous voudrez que votre fils et votre successeur soit digne du nom illustre que vous avez attaché à votre race immortelle, digne de la gloire immense que vous avez acquise. Les fondemens que vous avez posés pour le bonheur de vos Peuples, vous voudrez les rendre impérissables, en éternisant votre génie dans vos descendans. L'amour
que

que vous nous portez nous est un sûr-garant des grandes leçons que vous imprimerez dans le cœur de l'Auguste héritier de votre trône. Vous ne souffrirez pas que nos neveux aient jamais à gémir sur la perte de nos trophées; sur l'anéantissement des belles institutions que vous nous avez données; sur la fuite des beaux-arts que vous avez recréés; sur la dégradation de la religion que vous avez replacée sur nos autels; sur la chute des mœurs que vous avez relevées; sur l'oubli du plus noble mobile du cœur des Français, de l'honneur, auquel vous avez redonné tant d'énergie; sur la faiblesse de cet Empire que vous avez porté à un si haut point de grandeur.... Vous vous renouvellerez tout entier dans ce fils à qui vous avez transmis votre sang et votre nom; ce sera vous qui régnerez par lui sur nos neveux; et votre esprit réglera encore les destinées des nations, lorsque vous ne vivrez plus que dans la reconnaissance des hommes, ou dans les pages si brillantes de l'Histoire de votre Siècle.

Et ici, Messieurs, quels présages viennent

confirmer d'avance de si hautes espérances? Voyez avec quel appareil imposant la naissance de l'Héritier du trône est accueillie et célébrée? quelles grandes idées ne réveilleront pas dans son âme les circonstances solennelles qui entourent déjà son berceau?

S'il naît *Roi de Rome*, c'est pour graver de bonne heure dans son âme des sentimens dignes de cette Capitale du monde et des Héros qui l'ont illustrée. Le *Roi de Rome* pourrait-il lire jamais l'Histoire des *Scipions*, des *Titus* et des *Marc-Aurèle*, sans éprouver le noble orgueil de ressembler à ces illustres soutiens de la gloire romaine? et l'Histoire des *Néron* et des *Caligula* ne le portera-t-elle pas à effacer par ses vertus la tache que ces monstres ont imprimée au peuple dont il doit régler les destins?

Voyez, d'un autre côté, l'élite de la Nation rassemblée autour de son berceau, pour y entendre les sermens prononcés en son nom, de soutenir l'indépendance du Peuple français et de le gouverner avec justice.

Voyez-le confié à tous ces vaillans guerriers

dont les exemples et les nobles cicatrices lui attesteront à jamais le dévouement qu'exigent les intérêts du Trône et de la Patrie.

Voyez-le devenu l'enfant adoptif de la Nation toute entière, pour rendre indissolubles les nœuds sacrés qui l'enchaînent à son bonheur et à sa prospérité.

Et si, d'un autre côté, nous jetons nos regards sur l'Auguste mère qui doit former et diriger les premiers mouvemens de son cœur; quel nouveau garant de la félicité de notre Patrie ne nous présentent pas les vertus de cette Princesse, vertus dont la France éprouve déjà de si heureuses influences? Qui pourrait lui donner des idées plus justes de la véritable grandeur, que celle qui, née d'un si beau sang, a voulu le rendre plus noble encore, en associant ses destinées à celles du plus grand des Héros?

Qui pourrait lui inspirer plus d'amour pour les Français que celle qui en est devenue l'idole, et dont le dévouement à son pays adoptif s'est montré si pur et si généreux.

Qui pourrait cultiver, avec plus de succès,

les dispositions aimables de son enfance, et le former aux vertus douces qui gagnent les cœurs, que celle dont les grâces reposent sur les plus beaux sentimens de l'âme?

Qui pourrait lui imprimer plus d'amour et plus de respect filial, que celle qui, après avoir fait les délices de son Auguste famille, par l'habitude de ces touchantes vertus, s'est montrée sur le Trône des Français le modèle des épouses?

Qui pourrait enfin plus dignement élever son cœur et son esprit vers l'arbitre suprême de toutes choses, que celle qui, par sa religion si douce et si indulgente, semble être devenue, sur la terre, l'image parfaite de la Divinité?

Heureux enfant! oui, vous êtes né pour le bonheur des Français, puisque la Providence a rassemblé autour de vous, tous les moyens d'en être le vertueux et le puissant Monarque! Nos cœurs se plaisent à suivre d'avance les développemens de votre raison, et nous y découvrons avec charmes, tous les germes de votre grandeur future. Nous vous voyons, jeune encore, parcourir avec avidité ces champs célèbres arrosés du sang de tant de généreux soldats, pour y puiser les vertus guerrières qui forment les Héros. Nous vous voyons tressaillir à la vue de ces théâtres immortels des exploits et des travaux de votre Auguste père, et la flamme de la valeur s'allumer dans votre sein, en contemplant les magnifiques Trophées élevés à sa gloire. Nous vous voyons, grand comme lui, ennemi de la mollesse comme lui, embrasser toutes les parties de l'administration publique, et les soutenir toutes par la force et par l'étendue de votre génie. Nous vous voyons, religieux sans faiblesse, comme sans fanatisme, sauver la France des excès d'un faux zèle, et maintenir la religion dans toute la pureté de ses principes primitifs. Nous vous voyons, enfin, protecteur né des Arts, ami des lumières qui perfectionnent l'esprit humain, soutien de toutes les vertus publiques et généreuses, père de vos peuples, consolider pour jamais la gloire, la prospérité, la puissance du Peuple français, et faire revivre, dans votre siècle, toute la grandeur du siècle de votre magnanime prédécesseur.

Enfin, Messieurs, le troisième bienfait qui doit résulter de la naissance du Roi de Rome, est le *repos de l'Europe*, et, j'ose le dire, celui du monde entier.

Il n'appartenait qu'à Napoléon-le-Grand de concevoir et d'exécuter ce vaste plan de Confédération politique, qui, en conservant les droits des Peuples et ceux de leurs Souverains, devait les réunir tous dans un intérêt commun, celui d'une paix universelle. Ce plan, qui a succédé au système de l'équilibre des Puissances, si faussement vanté, et dont les suites ont été si fatales à l'Europe, était surtout nécessaire dans nos temps modernes, ou un gouvernement ambitieux, aspirant à la suprématie des mers, distribuant l'or corrupteur d'une main, et de l'autre des poignards, faisait successivement servir tous les Peuples du Continent à l'exécution de ses projets, en les armant les uns contre les autres, et en les affaiblissant dans les crises violentes d'une guerre interminable : gouvernement incendiaire, qui, à la lueur des flammes qu'il avait allumées, courait tranquillement exécuter les desseins de sa dévorante cupidité.

Que d'efforts, vous le savez, n'a-t-il pas fallu, pour étouffer en Europe cet esprit de discorde sans cesse renaissant, qui lançait chaque Peuple tour à tour dans l'arène des combats, et qui osait mettre en balance le sang des hommes avec les vains projets de quelques spéculations mercantiles ? Quels sacrifices n'a-t-il pas fallu faire pour atteindre, pour écraser cette hydre sortie des bords de la Tamise, et promenant ses cent têtes affreuses sur le continent, pour y répandre le venin des discordes fatales, et y soulever les tempêtes de la guerre ? Quel eût été le sort de l'Europe, si le Peuple Français, contre lequel étaient principalement dirigées toutes les haines des Nations, eût succombé dans cette lutte ? Sans cesse agitée, ébranlée par le gouvernement inquiet et perturbateur d'Albion, elle aurait tendu tôt ou tard les mains aux projets de sa cupidité, et les peuples du continent, devenus les facteurs de ses spéculations commerciales, auraient fini par ramper dans l'avilissement le plus honteux.

Mais le Peuple Français avait pour lui le génie de son Prince, et la victoire n'était pas douteuse. C'est à *Marengo*, c'est à *Austerlitz*, c'est à *Iéna*, c'est à *Friedland* et dans les plaines de *Wagram*, que les flambeaux de la discorde britannique ont été étouffés, et que le continent a été délivré de leur influence fatale.

Cependant il ne suffisait pas d'avoir vaincu l'Angleterre dans ces grands combats, et de l'avoir forcée à dévorer son venin dans son île; il fallait encore prémunir l'Europe des invasions de sa perfidie et de ses intrigues: et voilà la nécessité de ce vaste système de confédération, qui présente une ligne de cent peuples réunis pour la défense commune, animés du même esprit pour le maintien des droits des Nations, désormais inaccessibles aux séductions perfides du cabinet britannique, et déposant tous aux pieds du trône du sauveur et du vengeur de l'Europe, le soin de leur défense, de leurs droits et de leurs intérêts.

Nous avons vu, Messieurs, cet heureux système réalisé, et nous savons quels en ont été les résultats.

Les Peuples les plus ennemis marchent maintenant ensemble et confondent leurs drapeaux; l'Europe entière pacifiée accueille avec empressement les institutions de son libérateur, et se prépare à un nouvel ordre de civilisation; l'industrie, les arts, les mœurs et le langage des Français reçoivent par-tout les hommages des Nations; des bords de la Seine à la Baltique, des contrées glacées du nord aux climats du midi, tous les cœurs se répondent par les mêmes sentimens, et s'agitent pour les mêmes intérêts; les Peuples Européens ne forment plus qu'une immense famille, dont la prospérité repose sur les mêmes fondemens, et se rattache au même tronc; les ramifications de l'Empire Français ont suivi l'essor du génie de son auguste chef, et embrassent tous les états; la main puissante de

Napoléon y relève les trônes abattus, et les fonde sur la seule influence de l'admiration et de la confiance qu'il inspire ; de nouvelles dynasties y préparent le bonheur des sociétés ; son palais est devenu le siège du conseil des Nations, et sa capitale, digne rivale de l'ancienne Rome, est devenue le centre et la Capitale de tous les Peuples civilisés.

En faut-il d'avantage, Messieurs, pour vous convaincre combien le repos de l'Europe est intéressé à la naissance de l'auguste héritier du trône des Français ; et combien la Providence a pourvu au bonheur des Peuples du continent, et par conséquent à celui du monde entier, en donnant à Napoléon-le-Grand un successeur à son Empire.

Oui, vous avez maintenant un gage assuré de votre félicité, Peuples amis ! qui avez confondu vos destinées avec les nôtres ; le faisceau qui nous unit ne sera point rompu ; vos neveux participeront comme les nôtres à la perpétuité du grand règne de Napoléon. Le fils maintiendra la puissance de son père, et en la maintenant, il défendra comme lui vos asiles; il protégera vos champs; il soutiendra vos droits; il vous associera aux destins de son premier Peuple; il vous sauvera de l'influence dangereuse de notre ennemi commun..... Chantez la naissance de cet astre brillant dont les rayons féconderont vos climats. Louez l'Éternel de ses bienfaits; que nos langues diverses s'entendent et se confondent dans ce concert unanime d'acclamations et de reconnaissance; que d'un bout de l'Europe à l'autre retentissent nos vœux et nos hommages pour l'arbitre futur de nos destins!

Et toi, surtout, ville antique et célèbre, dont le nom décore le fils du grand Napoléon, prépare-toi à la gloire où doit t'élever ce Prince dont tu es la noble fille; relève les monumens de ton ancienne splendeur, pour recevoir ton nouveau roi; évoque les ombres magnanimes de tes héros, pour lui servir de cortége, et pour assister à ses triomphes; rassemble tous les arts, fruits de ton génie, pour célébrer l'épo-

que de ta renaissance à tes hautes destinées.....
Heureux habitans des rives de la Seine ! Peuples du Tibre ! unissez vos transports, confondez votre allégresse ; vous avez le même gage de votre félicité dans la naissance d'un Prince qui doit régler vos communs destins !

Grand Dieu ! c'est à vous qu'il appartient de confirmer, de réaliser les présages consolans dont nous aimons à nous flatter. Achevez.... achevez l'ouvrage de vos miséricordes, en perfectionnant vous-même le cœur de ce Prince que vous nous avez donné dans votre bonté ; répandez sur lui tous les dons de votre sagesse ; rendez-le docile aux grandes leçons de vertu, de force, de clémence, de magnanimité qui l'attendent au sortir du berceau ; éloignez surtout de lui les indignes flatteurs qui corromperaient les plus heureuses dispositions de son âme ; qu'il n'apprécie sa grandeur, en la connaissant, que pour la faire servir au bonheur des hommes ; et que son règne, semblable à celui de son auguste

Père, forme avec lui, l'ère mémorable de la nouvelle dynastie des Français, dont l'éclat ne s'effacera jamais du souvenir des Peuples.

FIN.

CET Ouvrage fait suite au *Recueil des Discours religieux pour toutes les Fêtes impériales de l'année*, du même Auteur. On le trouve à la même adresse que ce Discours. 1 volume in-12, prix : 2 francs 50 centimes, et 3 francs 25 centimes, franc de port.

www.ingramcontent.com/pod-product-compliance
Lightning Source LLC
Chambersburg PA
CBHW060907050426
42453CB00010B/1589